Alladoum Didjenban
Ngaba Israèl
Soum Soum

Adieu, MIDI !

Alladoum Didjenban
Ngaba Israèl
Soum Soum

Adieu, MIDI !

Éditions Muse

Imprint

Cover image: www.ingimage.com

Publisher:
Éditions Muse
is a trademark of
Dodo Books Indian Ocean Ltd., member of the OmniScriptum S.R.L Publishing group
str. A.Russo 15, of. 61, Chisinau-2068, Republic of Moldova Europe
Printed at: see last page
ISBN: 978-620-3-86518-9

Alladoum Didjenban

Ngaba Israël

Soum-Soum

Adieu, MIDI !

Alladoum Didjenban

Ngaba Israël

Soum-Soum

Adieu, MIDI !

Poésie

Avant-propos

Avant d’entrer dans le cœur de ces perles poétiques, regardons de prés un moment de silence. Et, observons avec une pensée intérieure, ***LE MARECHAL IDRISS DEBY***, en tant que créature faite de chair et d’os.

S’il arrivait qu’on soit confronté à cette question :

Comment devrons-nous percevoir cette personnalité politique? Devons-nous l’ignorer ou ?

Pour certains, cela sera positif. Pour d’autres, des questions à remettre en jeu !

Alors se sera prétentieux, la conclusion qu’on tirera de cette décision. Alors, il en revient à nous qui avions subit la charrue de ce personnage d’user moralement de compassion pour sa personne ! Pas en tant qu’une Autorité politique, mais une personne faite de chair qui respire comme ceux qui malgré avouent subir des échangent pertinentes charniers de dispute d’avec cette personnalité, ont suent s’évacuer de ces moments.

Cependant, il sera temps pour nous d'entretenir, le désire de tuer et de venger sans vision qu'avait noué Idriss Deby, à travers ces chants poétiques que renchérie ses auteurs avec grande attention.

Ne reste pas replier sur toi comme un arbre, aspire toi de rayonner ta chaleur à ce personnage qui aspirait la pensée tous avions durant des années.

Concentres-les, grandis et fais fleurir en toi ce désire que recherche ***IDRISS DEBY*** ! Ainsi tu refléteras les astres d'une patrie débout.

SOUM-SOUM

Pour le collectif

Epigraphe

« Vous avez vu
un jour un Chef d'Etat
prendre une arme et aller se
battre ?Vous croyez que je
l'ai fait parce que je suis
brave ? Je l' ai fait parce
que je suis cou-
rageux ? Non !
Je l'ai fait parce
que j'aime ce
pays et je ne
veux pas le
désordre s'
installe dans
ce pays. Donc
j'ai préféré alle-
r mourir sur le
terrain et ne pas

voir le désordre
qui s'en suivra ».

MIDI

Extrait du discours du Maréchal

Epigraphe

« Vous avez vu un jour un Chef d'Etat prendre une arme et aller se battre ? Vous croyez que je l'ai fait parce que je suis brave ? Je l'ai fait parce que je suis courageux ? Non ! Je l'ai fait parce que j'aime ce pays et je ne veux pas le désordre s'installe dans ce pays. Donc j'ai préféré aller mourir sur le terrain et ne pas voir le désordre qui s'en suivra ». **MIDI**

Extrait du discours du Maréchal

Préface

Si la poésie apparait comme moyen le plus sûr d'exprimer des émotions de l'être humain, elle est aussi un moyen plus approprié pour rendre hommage à un être cher. Idriss Deby Itno s'en est allé, mais ne mérite-t-il pas que l'on lui rende des hommages ? Mérite-t-il que l'on lui condamne uniquement ? Qui sommes-nous pour juger la personne d'Idriss Deby ? Qui sommes-nous pour lui souhaiter du pire même au-delà ? Comme Idriss Deby, nous sommes que des êtres humains comme lui et nous n'avons pas le monopole du jugement sur lui.

A travers ces vers poétiques, nous rendons tout simplement hommage à un être qui était autrefois comme nous, un être qui a tiré sa révérence juste avant nous. Même si l'on ne partage pas en commun des visions et convictions politiques, il n'était pas un ennemi mais plutôt un adversaire politique ! Comme tout le monde, il a ses défauts et ses qualités, il a des admirateurs et des détracteurs et, c'est naturel ! Cet homme a fait preuve de bravoure en allant mourir sur le champ de bataille. Chose qu'aucun Président dans ce monde n'a encore osé faire !

Chers lecteurs, loin d'être une œuvre à caractère ''glorifique'', cette œuvre rend juste hommage à une personne qui fut Président (31 ans) et Maréchal du Tchad.

Alladoum Didjenban

Première partie

Alladoum Didjenban

« Nous mourrons tous.

Même si c'est de différentes manières.

Que la mort qui frappe l'autre ne soit guère pour moi

Ombre d'allégresse mais plutôt de rétrospection !»

1- MIDI

MIDI,

Dans nos cœurs, tu resteras à jamais

Pour tes bienfaits, tes défauts ?

Je ne suis qu'un humain tout comme toi

Te voir quitter le pouvoir pacifiquement était mon plus grand souhait

Non, pas par la mort !

Digne fils de l'Afrique, digne fils du Tchad,

Tu as marqué ton temps !

L'Afrique te pleure, tes frères te pleurent

Mourir sur le champ de bataille, ton souhait !

Un **héros**, oui, tu l'es !

Un **défenseur**, oui, tu l'es !

MIDI,

Roi du Sahel,

Les Sahélien te pleurent

Les Tchadiens ne te souhaitent pas mort

Maréchal, à toi les fleurs

A nous les larmes !

2- Roi du Sahel

L'incontournable défenseur du Sahel

L'intrépide guerrier de notre ère

L'homme à la vie d'arme

Aujourd'hui, nous n'avons que de larmes

Aujourd'hui, plus que de l'histoire à raconter de toi

Le 18 avril nous a séparés de toi

A fait de nous des sans héros

Car tu étais notre héros

Du Mali au Nigeria

Du Tchad au Centrafrique

Du Niger au Cameroun

Tu as été un homme à vie d'arme

Le Burkina retient de toi un protecteur

Le Mali retient de toi un sauveur

L'Afrique retient de toi un défenseur

O mon Maréchal !

L'Afrique te pleure

Tes frères d'arme te regrettent

Ton Tchad te souhaite vivant !

Homme à vie d'arme,

Que la terre te soit légère !

3- Idriss Déby Itno

IDI, ce nom, ils n'oublieront jamais !

Pour eux, tu es un démon d'arme vivant

Pour eux, tu es le plus grand obstacle vivant

Pour eux, tu es ce tronc d'arbre difficile à avaler

Oui, pour les terroristes, c'est ce que tu es !

Au prix de ta vie, tu as juré de sauver ton pays

Au prix de ta vie, tu as juré de sauver le Sahel

Au prix de ta vie, tu as juré de sauver l'Afrique

Tu les as chassés à Bohoma

Tu les as chassés sur le territoire nigérien

Tu les as chassés sur le territoire malien

Tu les as chassés sur le territoire burkinabé

Pour ça, tu restes leur pire cauchemar

Verser le sang des innocents est pour eux une priorité

Pour toi, préserver le sang de ces innocents une priorité

Idriss Déby Itno,

Ce nom, ils n'oublieront jamais !

Repose en paix, dieu d'échec de ces sanguinaires terroristes !

4- Hommage à MIDI

Digne fils des Sao

Vaillant guerrier et héros

Intrépide homme d'arme

Par ma plume, je te rends hommage

Tu as sacrifié ta vie pour ton pays

Tu as sacrifié ta jeunesse pour ton pays

Au combat, tu as perdu tes frères

mais tu es resté fall

Juste pour l'amour de ton pays

MDI hier, MIDI aujourd'hui, MIDI demain, et pour toute l'éternité

Tu resteras à jamais dans l'histoire de ton pays

Tu resteras à jamais dans l'histoire de l'Afrique

Digne fils des Sao,

Brave comme tes ancêtres,

Tu as choisi de mourir en héros

Intrépide soldat, que le Bleu-Jaune-Rouge

Que tu as tant aimé t'accompagne

Que nos larmes t'ouvrent la porte du paradis !

MIDI,

A toi, nos hommages mérités

Ton drapeau en berne

Ton pays en deuil

Tes enfants te pleurent

L'Afrique te revendique

L'Union Africaine est déboussolée

L'Organisation des Nations-Unies te regrette !

MIDI,

Vas en paix !

A jamais, tu resteras dans nos mémoires !

5- Tes mots

« Vous avez vu un jour un Chef d'Etat prendre une arme et aller se battre ? Vous croyez que je l'ai fait parce que je suis brave ? Je l'ai fait parce que je suis courageux ? Non ! Je l'ai fait parce que j'aime ce pays et je ne veux pas le désordre s'installe dans ce pays. Donc j'ai préféré aller mourir sur le terrain et ne pas voir le désordre qui s'en suivra ».

MIDI

Fier guerrier du Sahara,

Intrépide soldat de mon pays,

Comment oublier ton bravoure ?

Comment oublier ton courage ?

Tu as fait ce qu'aucun Chef d'Etat n'a pu faire

Tu as été au champ de bataille avec tes hommes,

Chose qu'aucun Chef d'Etat n'a eu le courage de le faire jusqu'à là

O mon Maréchal !

Tu n'as pas été Maréchal pour rien

Tu as fait du champ de bataille ton lit

Mon Maréchal, mon cœur saigne !

Ne pas voir le désordre s'installer chez toi était ton souhait

Mourir sur le champ de bataille, arme en main, ton souhait

Et tu l'as fait, mon téméraire soldat

Tu es mort en héros

Tu es mort en brave Sao

Oui, tu as aimé ton pays jusqu'au dernier goutte de ton sang

Oui, tu as aimé ton pays jusqu'à en donner ta vie pour lui

Mon courageux soldat, il est minuit dans mon cœur

Mon intrépide guerrier, ma plume ne cesse de te pleurer

Mon unique Maréchal, ton nom restera à jamais dans le cœur de tes frères !

A toi les fleurs, à nous les larmes !

6- Adieu

Graves, sont nos peines

Dans nos cœurs, que de la douleur

Nos larmes ne font que nous envahir

Comment te dire adieu, notre Maréchal ?

Mes mots ne sont à la hauteur de ce que mon cœur veut exprimer

Maréchal, à qui tu laisses notre sécurité ?

Maréchal, à qui tu laisses la sécurité du Sahel ?

Maréchal, qui sera désormais le lion protecteur de notre Afrique ?

Graves, sont nos peines

Je te pleure de tout mon être

Je ne sais comment te dire adieu, Lion du Sahel

Que mes mots t'accompagnent

Que mes mots te disent combien tu es notre héros de là où tu es

Que mes mots te disent merci pour tout ce que tu as fait pour assurer notre sécurité

Maréchal, comment te dire adieu avec aisance ?

Tes frères d'armes sont inconsolables

Tes fils du Sahel n'ont pas la force de supporter ton départ ci brusque

Dans nos cœurs, que de la douleur

Mon Maréchal, il n'est pas facile mais je n'ai d'autre choix que de te dire au revoir

Avec des larmes, je te dis ***ADIEU, MARECHAL*** !

7- Sentinelle d'Afrique

Gendarme d'Afrique s'en est allé

Sentinelle d'Afrique a tiré sa révérence

O quel malheur !

A qui tu confies la protection de ton Afrique que tu aimes tant, notre protecteur ?

Les terroristes sont en joie

Les sanguinaires sont en joie

O ! Notre incontournable guerrier,

Tes dignes enfants ne cessent de te pleurer

A qui peut-on encore espérer une protection comme la tienne ?

Dieu, pourquoi si tôt notre dieu d'arme ?

De par le monde, l'Afrique te pleure, vaillant soldat

L'Afrique s'inquiète pour sa sécurité

Fils des Sao, héros d'arme, digne fils du Toumaï,

Nous ne te pleurons jamais assez !

Notre sentinelle, va en paix !

8- Pas Maréchal du lit !

Oui, tu ne l'es pas !

Champ de bataille, ton lit

De par le monde, tu as prouvé ton courage

De par le monde, tu as prouvé ta bravoure

Oui, tu ne l'es pas !

Les armes, tes fidèles amis

Le champ de bataille, ton domicile

Combattre l'ennemi, ta vocation

Protéger ton contient, ta grande passion

Maréchal du lit, tu ne l'es pas !

Tu es un héros !

Tu as fait ce qu'un aucun Président ni aucun Maréchal a pu le faire

Tu es allé mourir sur le champ d'honneur

Tu as décidé de combattre aux côtés de tes hommes pour n'assister au désordre qui s'en suivra

Digne Maréchal, Maréchal du Tchad,

L'histoire retiendra de toi un vaillant et brave soldat

L'histoire retiendra de toi un Maréchal du terrain, un Maréchal du champ de bataille

Oui, Maréchal du lit, tu ne l'es pas, notre baobab, notre intrépide soldat du Sahel !

9- Tu n'es pas un homme qu'on arrête

« Je ne suis pas quelqu'un attrape. Je ne suis pas fait pour cela. On dira peut-être un jour qu'Idriss Deby Itno est mort sur le champ de bataille. Mais on ne dira jamais qu'il a été capturé ou qu'il a été fait prisonnier. Mon honneur de Général de l'armée du Tchad me l'interdit ».

MIDI

Oui, tu n'es pas quelqu'un qu'on attrape

Tu n'es pas quelqu'un qu'on capture

Tu n'es pas quelqu'un qu'on fait prisonnier

Oui, ton honneur de Général de l'armée te l'interdit !

On dira peut-être un jour qu'Idriss Deby est mort sur le champ de bataille

Oui, c'est ce qui est arrivé, notre Maréchal !

Tu es mort au champ de bataille, arme en main

Tu es mort au champ de bataille pour l'honneur de ton rang

Maréchal, ta bravoure n'est plus à prouver

Notre intrépide soldat, ton courage n'est plus à douter

Tu as tenu à ta parole de mourir sur le champ de bataille, habillé en tenue militaire, arme en main, aux côtés de tes hommes

Tu n'es pas quelqu'un qu'on attrape, notre Général

Plutôt mourir sur le champ de bataille que de se faire prisonnier, ton slogan

Nos cœurs saignent toujours, notre baobab

Nous te pleurons à jamais, notre lion du Sahel !

10- **Adieu de tes frères d'arme**

Notre guide, notre rempart,

Au nom des armes qui nous ont unis

Au nom de la passion que nous avons partagé en commun

Au nom de l'amour de protection des vies qui nous a animés

Nous te rendons un vibrant hommage et te disons merci d'avoir existé pour nous

Notre guide, notre rempart,

Un modèle, tu resteras pour nous

Un père, oui, tu l'es pour nous

Sur tes pas, nous avancerons

Sur tes pas, nous combattrons toujours les sanguinaires

Sur tes pas, nous assurerons toujours la protection de l'Afrique

Notre guide, notre rempart,

Dans le champ de bataille, ton absence est constatée

Armes en main, nous te pleurons

Armes en main, nous chantons tes gloires

Armes en main, nous, soldats du Tchad, du Mali, du Niger, du Cameroun, du Nigéria, du Burkina, du Centrafrique,… te rendons un hommage mérité

Armes en main, nous, soldats d'Afrique, te disons infiniment merci pour ta bravoure

Notre guide, notre rempart,

En bon soldat, tu as donné ta vie pour ta Nation

En bon soldat, tu t'es implanté dans le cœur de tes frères africains par ton courage et ta bravoure

Nous nous inclinons devant ta mémoire

Pour te dire combien tu es un héros

Pour te dire combien tu es digne fils des Sao

Notre guide, notre rempart,

Au nom de la tenue qui fait l'honneur à un soldat,

Au nom du drapeau que nous tenions tant,

Au nom de la passion des protecteurs des vies,

Nous te disons adieu, notre digne Maréchal !

Deuxième partie

Ngaba Israël

Le savez-vous :
« Il y a quelque chose de plus fort que la mort,
La présence des absents dans notre mémoire vivante »

11- Le baobab

Sois sage, Oh ma Nation, tiens-toi tranquille.

Tu réclamais la Liberté, elle descend : la voici.

J'ai décidé de venir par cette ville.

Et cela sans arrière-pensée ni de souci.

Je n'ai pas fait un discours vil.

Pour tout, je ne cesserais jamais de dire merci.

Merci à ce peuple brave, avec pleins d'esprit patriotique qui auparavant vivait sous le joug d'un Gouvernement servile.

C'est pour le changement que je suis ici.

Peuple béni, « je ne vous apporte ni or ni argent mais la Liberté. » qui a été confisquée pendant des années.

Longtemps nous étions sous un leadership suranné.

Je veux voir d'ici dorénavant un peuple uni et toujours souriant.

Ensemble nous vivrons dans ce pays à la forme d'arche.

Et, comme un long linceul à l'orient.

Et le voilà partir,

Partir sans un retour,

À nous la longue marche.

La marche vers la Liberté

12- L'ombre d'Afrique

Malgré ton leadership dédaigneux,

Tu ne parles jamais du fiasco.

Mon Président, le MIDI de ma république victorieuse,

Du fond de mon cœur, je te décris ces quelques missives sans quiproquo,

Le héros de la Guerre, c'est toi,

Mais te voilà partir,

Partir pour toujours.

Oh l'homme à la voix fatiguée, l'incontournable de la Zone et le lion de nos toits,

Au prix du sang tu t'es sacrifié pour ton peuple qui a traversé du désert sans un ajour.

Le Lion de l'Union Africaine,

Le défenseur de la cabane.

Comme le soleil tombant, t'as perdu vie.

Tu as dit que tu mourras au front et voilà ta parole s'est concrétisée en respectant ton devis.

Mes respects, Maréchal !

13- Terre à la Terre

Un chef de guerre,

Un soldat courtois.

Au levé d'une belle journée,

Je vois rayonner l'œuvre de tes mains et cela sans guéguerre.

Avec l'encre indélébile de mon stylo,

Je te proclame l'homme à la qualité de Lotois.

La mort, certes c'est un rendez-vous de tous les hommcs mais ton départ est si précoce que l'on se pose une armada de questions.

Est-elle une mort vraie où montée ?

En tout, que la Terre repars à la terre telle est la décision du Créateur.

L'homme doit naître,

Il doit vivre,

Et enfin mourir.

Dans le cœur d'un peuple brave,

Un Homme fort vivrait toujours.

Toute ta force existe dans le peuple.

Et ainsi tu es partie pour une cause noble,

Une cause que de ton vivant tu as longuement chantée,

Je mourrai au terrain et non sur mon lit.

Le Daron engagé,

L'engagé de la CEMAC.

Repose-toi en paix !

14- L'unité en plein MIDI

« Nous sommes un et unique. »

Tel est le leitmotiv de tous tes discours à la Nation.

Comme une chaleur accablante fixée sur le front,

Tel est le sentiment qu'ont eu nos cœurs à l'annonce de ton départ de fission.

Du mystère mais avec du fond.

De l'utopie ?

Pas facile de croire du coup à cela.

Mais on s'est finalement dit que le lion est vraiment mort aujourd'hui, la fin de la toupie.

Le tonnerre a raisonné ce jour dans nos cœurs, déboussolés mais tout est grâce alors, nous disons Macha 'Allah.

Et prière pour le repos de ton âme.

Un départ sans retour.

Mais un jour nous nous reverrons

15- Decujus

Apparu comme une lumière,

C'est de cette façon que cet homme d'une vision brave est sorti.

Pour quelle cause est-il venu,

Pour le meilleur ?

Vivre pour l'éternité n'est plus un assorti.

L'être humain doit naître,

Celui-ci doit vivre,

Et en fin il doit mourir ainsi parle le créateur de l'être.

Te voilà fondu comme une épave,

Ainsi l'obscurité a dominé la lumière ce jour.

Un mardi 20 avril, il est grave.

Ce jour, pour moi c'est un mardi noir sur les cœurs de tout le monde sans laisser même un ajour.

Le climat de ma cité a changé parce que le Lion n'est plus,

Il a succombé comme un arbre sans branche telle la vie du guerrier.

Divine grâce ou humaine grâce ? Je me croyais dans une série de fiction sur A+,

Le destin !!!

Un tonnerre a sonné dans nos cœurs, on dirait le licenciement d'une autorité par courrier.

T'es la joie,

Ton sacrifice a rempli notre cœur,

Qu'importe qu'on voie,

Tous tes manquements qui sont un bonheur,

Ainsi soit-il t'as tenu à ta promesse,

Tu as changé l'image de ton peuple par ton engagement,

Le MIDI est parti.

16- L'amour d'un Père

Comme une étincelle,

Ta voix si fatiguée se recèle,

Un charme si vainqueur

Tu prends ton peuple sur tes prunelles

Sur toutes tes phrases, la sincérité règne en elle.

De si douces allocutions pour les cœurs.

Au moment où vous étiez venu, si jeune astre qu'on admire,

Éclairer notre vie d'un espoir fort, un sourire qui nous fait de palpiter,

Comme la poule s'occupe de ses poussins, tel est la vraie merveille,

Il est temps que nos cœurs s'éveillent

Ainsi le rythme de la joie qu'il faut chanter !

Ne regardez pas à la pomme d'Adam,

Car la chaste pudeur enveloppe votre âme,

Des hommes contre notre pays, les jaloux ?

Les Anges ont les yeux sur nous, une permanente garde,

Ils ne nous ont jamais perdus de vue, toujours ils nous regardent

Ils te garderont pour toujours.

17- Optimiste disparue

J'ai presque plus la force, en vérité,

Je me sens trop faible et enlacé.

Déboussolé et sans une radieuse pensée,

Je suis au moment d'automne mais mon cœur cri à chaudes larmes comme en été !

Autour de moi, ton image ne cesse de s'envoler, celle-ci restera à jamais chère,

Habite ce cœur pour toujours bien que beaucoup voient le négatif en toi,

Tu as rendu les esprits jaloux,

De t'aimer et de te plaire !

Je n'ai plus l'envie de mal penser, pardonnez-moi

D'aussi franchement vous le dire,

Je me souviens qu'un mot de toi me donne un sourire,

Pas d'un sourire narquois mais celui d'un bon aloi !

Il suffit juste d'un geste,

D'une parole ou d'un clin d'œil,

Pour soulager les cœurs en deuil,

Et de voir l’illusion céleste !

Tels sont mes mots de condoléances !

18- L'immortalité

Je n'avais pas eu le sommeil,

Je ne fais que me lamenter au lit !

Quoi faire pour la sous-région vue que la secte Boko-haram nous botte encore plus ?

T'es partie, oh soleil !

Je me disais souvent quelle merveille,

Nos oreilles se sont emplies !

Quelle folie ?

La joie dans les cœurs ... Je m'éveille !

Tu es partie, par amour,

Ce jour !

Comme tel un Eldorado,

Avec toute sa force, il est parti même sans ouvrir la bouche !

Tu as rendu les âmes farouches,

Malgré tout cela nul n'est immortel.

Reposes toi en paix !

19- Sa force

Il était une feuille avec ses lignes,
Une ligne d'engagement,
Ligne de courage,
Une ligne d'encouragement.

Il était une base bien fondée,
Fondée d'amour,
Fondée de force,
Fondée d'abnégation.

Il était un arbre au bout de la branche,
Un arbre fécond,
Arbre digne de vie,

Il était un digne fils du désert,
Digne de travail,
Digne de la rigueur,

Digne de cœur.

Il avait un cœur sincère,
Cœur vaillant,
Cœur courageux,
Un cœur optimiste.

Il était un arbre fort,
Arbre qui ne s'écroule que pour une bonne cause,
Une cause d'intérêt général.

Il était des racines au bout de l'arbre,
Racine vignes de vie,
Vignes de grâce,
Vignes d'estime.

Au bout des racines il était la terre,
La terre productrice,
La terre qui a sortie l'homme,
La Terre qui réclame l'homme,

La Terre...

Tu es un cœur vaillant !

20- Une âme qui s'enflamme

Le Grand baobab est tombé,

L'arbre sur lequel nichaient plusieurs oiseaux est tombé!

Pour quelle cause est-il tombé?

N'était-il plus utile?

Ne procurait-il plus de fierté à ses possesseurs?

Arbre fructueux,

On se gavait de tes fruits doux!

Mon baobab est tombé comme un vulgaire,

Il n'a pas été entouré d'honneur comme il le fallait!

Arbre guerrier,

De son vivant, ce sont eux, les hypocrites qui ont laissé les fruits de cet arbre devenir acide,

Mauvais conseillers...

Ma patrie a perdu un héros,

Même si d'autres pensent qu'il était un zéro

"Que celui qui n'a jamais péché me jette la première pierre",

Qu'on me blâme si l'on veut,

Qu'on me bannisse de la classe des hommes dit "connaisseurs" si possible!

Je suis né sous le règne de ce héros,

J'ai grandi sous un héros.

Le baobab de paix est tombé!

Dire qu'il était un zéro,

Je ne vous condamne pas,

Une panoplie d'intervention voulait me faire croire que cet arbre si fort s'est rendu acide à seul,

Ne laissons pas le négatif nous dominer,

Qui lui a rendu acide, n'est-ce pas vous?

Qui était censé l'entretenir, n'est-ce pas encore vous?

L'intérêt personnel a envahi nos cœurs,

Une assemblée nationale qui est censée être la représentante du peuple ne songe qu'à son ventre!

Des personnes corrompues jusqu'à leur coude,

Aujourd'hui si mon baobab a eu des fruits acides,

C'est parce que c'est son entourage qui est la cause! Le Baobab n'est plus ! Son entourage la cause !

Troisième partie

Soum-soum

Le savez-vous :

« Faite de poussière,

Embellir par la peau et le soufre de vie,

Nous repartirons par cette même étape »

21- Hymne des douleurs

Peuple tchadien

Lève les yeux

L'avenir est à toi !

A tes larmes ;

Ses pensées

J'guise ses chants

O majestueux pays !

Garde tes larmes

Que tes voisins chantent tes prodiges

Que ton ancêtre clame aux chants des griots

Tes exploits !

Peuple tchadien

Tu as conquis debout

Ta terre ! Ton droit !

Ta liberté

Tu l'as bravé au prix du sang

Race sud

Race nord

Cultive et chasse tes breuvages aux profils de ta descendance

Peuple tchadien

Tu as conquis debout

Ta terre ! Ton droit !

Ta liberté

Tu l'as bravé au prix du sang

Que la politique ne soit pour toi

Une opportunité d'enflammé ta fatalité

Que ton cœur ne soit pas pour toi

Une page de méprise à ton prochain !

Mais une opportunité de cultivé l'amour vrai

Peuple tchadien

Tu as conquis debout

Ta terre ! Ton droit !

Ta liberté

Tu l'as bravé au prix du sang

22- A toi vaillant

Dans le clair-obscur

Sous les regards voilés

Tes yeux chagrinent d’amertume.

Dans le mystère des idéo

Dans la beauté de tes pensées

Tu rassures.

A ta fraicheur

Nous sommes braves

Hommes d’états

Homme des idées intarissable

Homme d'état

Véritable regard de l’œil.

23- **Peuple tchadien, écouté moi**

Qui œuvrent
A l'épanouissement !
Qui recherche la source d'une vérité
Absolue !
Qui ne maquillent
Par l'écho
Pour assouvir sa faim
Sa vengeance nocturne
De leurs frères
Restera une pierre à bâtir comme model.

Qui font la vérité
Qui vivent la vérité
Qui trame
Quel qu'en soit le prix
De leurs frères
L'amour restera source de considération
Quel que soit votre race

Resté confiant à votre oui

Et à votre non !

24- Cher patrie

Mon royaume

Ma chère patrie tchadienne

Mes armes

Luttent contre tous ses esprits terroristes

Peu importe mon statut

Pour une liberté

J'ai vendu ma vie-entière

Pour une nation libre dans ses idéo

J'ai offrir mon existence

Pour ses fils et filles innocent

Chère patrie

J'ai ôté ma casquette de président

Pour ta liberté

J'ai pris mon déclin

Pour je ne sais où !

Sois forte et courageuse

25- A toi jeune tchadien

A toi

Jeunes tchadiens

J'espère en toi !

A toi,

Jeunes tchadiennes

J'ai fois en toi !

Cri violence

Un changement verra le jour

Fuit la peur

Au préfixe d'une libération

A Toi

Jeunes tchadiens

Il n'est tard de faire mieux

Ce que notre espérance révolte depuis belle lurette

A toi

Jeunes tchadiennes

Ses enfants issues de vous

Ont besoins d'une vie

Notre patrie

Recherche des braves pour conduire ce peuple

Chantent lui ses éloges

De vaillant guerrier

26- Heureuse chute

A vouloir lutter

Pour ma patrie

Je me suis effacé

A vouloir plaire à tous

J’ai trépassé pour nulle part

A vouloir riposter aux attaques

J’ai été inhumé

A vous dires,

J'ai ressentir des frissons

De prendre cet envole que je n'ai planifié

A vous dires

Je suis triste de laisser cette nation dans les creux des indigènes

A vous vous dires

Je suis fier d'avoir avoir accomplir mes mots,

" Mourir en au front et non sur un lit"

Heureuse chute !

27- Honneur au maréchal

En toute simplicité

En toute liberté

Sans peur

Sans trouble

J'oserai des éloges au ***MARECHAL IDRISS DEBY*** !

Dans l'histoire de l'Afrique

Tu perles nos pages blanches !

De tes exploits immenses

En toute considération

En toute franchise

Par le linge blanchâtre

Aux rythmes des colombes

J'oserai des éloges au ***MARECHAL IDRISS DEBY*** !

28- Ode à la paix

Ode de la paix

Chante la paix

Signe des vers sans haines

Baigne la terre

Repère des airs fatals

Terre tchadienne

Âme fragile

Saigne ton cœur

Au prélude harmonieux

Chante tes airs culturels

Pour la reconstruction tchadienne

29- Trente ans

Dix au carré plus dix

Trois fois dix

Quarante ôté de dix

Trente ans !

Trente ans de savoirs !

De générosité au service de la population

Quatre-vingt-dix divisé par trois

Soixante moins trente

Dix additionné de trois fois

Trente ans !

Trente ans de lutte pour les idéo du développement du peuple tchadien

Trente ans de souffrance pour l'élévation d'une politique équitable

Pour une nation joyeuse

Hélas !

Ses querelles

Ses plaintes

Ses coups bas

Trente ans plus tard

Sonne ma tragédie inattendue

Celle de mon départ !

Ma mort !

30- L'appel Éternel

Une heure de silence

Une heure de réflexion profonde

Une heure d'échéance totale

Pour d'autres

Inacceptable

Le contraire

Exposeront leurs souris blanchâtre

Chant d'une victoire immense

Que dira notre génération future ?

Que dirait ont à cette relais à venir ?

Oh peuple tchadien

Tout effondré

J'esquive vers toi

Le cœur d'une femme dépourvu

Abattue !

Des enfants innocents
Clamant
L'amour vrai
Le partage.

Peuple tchadien
Que diriez-vous
Si main dans la main,
Nous bâtissons cette terre déchirée ?

Qu'avec des paroles
Consolant
Qui redonnent vie
Nous construisons ensemble
L'ouvrage inachevé !
Notre belle Terre Tchadienne.

Biographie des auteurs

Né le 08 mars 1998 à N'Djamena, Alladoum Didjenban est icencié en Relations Internationales et poursuit actuellement ses études en Master I en Stratégie, Défense, Sécurité, Gestion des conflits et des catastrophes au CREPS/Université de Yaoundé II. Par ailleurs, il est l'auteur de quelques ouvrages.

Étudiant en Droit et Sciences Economiques et de Gestion à l'Université Adam Barka d'Abéché (UNABA), Djeguedji Israël alias Israël Ngaba est un amoureux de la littérature, principalement de la poésie depuis son plus jeune âge et fait de cela un don. Faisant de la littérature son ami de tous les jours, ce recueil de poèmes collectif est son premier ouvrage édité. Par ailleurs, il prépare également la sortie d'autres ouvrages.

Soum-Soum, à l'état civil Soumahoro Abdoul Kesse est né le 20 octobre 2000 à Bayota (Côte d'Ivoire). Il est étudiant en Droit à l'Université Félix Houphouët Boigny de Cocody.

Printed by Books on Demand GmbH, Norderstedt / Germany